明智创富指南

如何成为更富更强的人

李海峰 主编

台海出版社

图书在版编目（CIP）数据

明智创富指南：如何成为更富更强的人 / 李海峰主编. -- 北京：台海出版社, 2024.7. -- ISBN 978-7-5168-3942-3

I.F241.4-62

中国国家版本馆 CIP 数据核字第 202421QL37 号

明智创富指南：如何成为更富更强的人

主　　编：李海峰

责任编辑：魏　敏　　　　封面设计：呦鹿 1015838109@qq.com · 永有熊

出版发行：台海出版社
地　　址：北京市东城区景山东街 20 号　邮政编码：100009
电　　话：010-64041652（发行，邮购）
传　　真：010-84045799（总编室）
网　　址：www.taimeng.org.cn/thcbs/default.htm
E-mail：thcbs@126.com

经　　销：全国各地新华书店
印　　刷：三河市新毅彩色印刷有限公司
本书如有破损、缺页、装订错误，请与本社联系调换

开　　本：880 毫米 × 1230 毫米　1/32
字　　数：120 千字　　　　印　　张：7.75
版　　次：2024 年 7 月第 1 版　　印　　次：2024 年 9 月第 1 次印刷
书　　号：ISBN 978-7-5168-3942-3

定　　价：69.80 元

序言

PREFACE

编著了40多本书，尤其是《金句之书》大受欢迎后，我对“读者角度”和“使用方法”有了更多的认知。

《金句之书》汇集了包括74位作者、86位读书会社群创始人在内的共242位爱书人，每人推荐1本书里的金句。它的优点是内容多元丰富，读者收获感极强。但我也一直在想：如果所有的金句都来自同一个人，那么“一致性”上就能变得更好。

我脑海里，第一时间想到的就是“剽悍一只猫”。

我和“剽悍一只猫”已经认识8年。他是我2019年在喜马拉雅“123知识狂欢节”推出的《DISC人际关系训练营》的增长总顾问，手把手带我以5天创造1000万的成绩拿下全站第1名。

剽悍一只猫在2020年出版了他的超级畅销书《一年顶十

年》，大量读者通过践行书中的方法，实现了**个人财富**与**影响力**的大升级。

很多作者在自己的书大卖后都会趁势不断推出新作，但剽悍一只猫却极为克制。他竟然继续做他的“**现代隐士**”，一般人见他一面都很难，他也有 4 年多没有出新书了。

如果你以为他没有出书，就没有**输出**，那你就错了。刚好相反，他坚持写作，在知识星球 App 上连开了 5 个年度收费专栏，且每个专栏都要写 365 篇文章。

在征得剽悍一只猫的同意后，我邀请了多位来自出版社和出版公司的一线编辑，共同对剽悍一只猫在 2022 年到 2024 年这 2 年间在知识星球上创作的所有内容做了梳理。以我们**积累多年的审稿经验**，尽量代表读者，从中选择最有价值的“金句”编辑成册。

特别感谢编辑**曹福双老师**，在文字整理和排版创意上给了我极大的支持。

书的名字是剽悍一只猫取的，就叫**《明智创富指南》**。

这本书最重要的使用方法就是**边看边停**。

全书采用了不同的颜色，每种颜色约 33 页。我的经验是，不要一口气读完。同一个颜色的内容读完，务必停下来。剽悍一只猫的文字，你会读得很爽，但只有自己思考了，参与了，你才能有更大的收获。

下面这种用法，仅供你参考：

你读每一页，做两个动作。

第一个动作，在文字的上方——你来拟定一个主题，比如：关于创富，关于社群运营，关于人际关系，请用最短的词来概括。你可以记录同一主题分别在哪几页出现过。

别小看这个动作，要的就是你的**参与**。这一个小小的参与，就让你把**被动阅读，变成主动思考**。

第二个动作，在文字的下方——你来写上感悟或者是计划。我个人建议你买 2 本以上，这样你可以在不同的时间，去比对你输出的感想有哪些不同。

我邀请你养成“输出”的习惯，尽量写。读，可能认知只浮于表面；写，才能让**认知从你的内在真正生长出来**。

用上面的方法读这本书，你拿到的不是一个成品，你得到的是由你**自己挑选的珍珠串好的项链**。

你当然可以创造更多的用法。也欢迎你和更多人分享这本书和它的使用方法。

最后，我还想对读者朋友们说三句话：

一、整理完这本书，我非常有信心，我坚信这本书能给很多人带去**启发和力量**。

二、**剽悍一只猫**的内容值得被更多人看见，欢迎把这本书推荐给你**真正在乎的人**。

三、祝每一位读者朋友**财源广进**、**幸福安康**。

李海峰

独立投资人

畅销书出品人

贵友联盟主理人

DISC+ 社群联合创始人

2024 年 7 月 5 日

剽悍一只猫

Brief Introduction

个人品牌顾问，图书策划人，社群运营专家，生命成长智慧深度探索者，《一年顶十年》作者，第六届当当影响力作家，常驻上海、深圳。

关键成就

2015 年 开始运营微信公众号“剽悍一只猫”，该公众号曾入围“新榜中国微信 500 强”。

2016 年 在“一块听听”举办个人首场线上年度分享，单场分享销量累计突破 11 万份，平台排名第一。

2017 年 打造微信公众号矩阵，读者总数突破百万。

“剽悍晨读”上线“喜马拉雅”，播放量累计突破 3700 万。

2018 年 在“饭团”迅速积累12万订阅用户，平台排名第一。

在“有讲”举办线上年度分享，参与人数突破 18 万，平台排名第一。

2019 年

成为“樊登读书”（现名“帆书”）首席社群顾问。

与“樊登读书”合作举办线上年度分享，单场分享一周内销量突破 11 万份。

2020 年

出版《一年顶十年》，该书首月发行量达 20 万册。

启动图书业务，陆续成为多本超级畅销书的首席营销顾问。

2015 年至今

见了上千位“牛”人和智者。

2016 年至今

社群内部累计培养了超 7000 名社群运营官。

2020 年至今

开了 5 个收费专栏，总销量超 32000 份。

扫码关注“剽悍一只猫”

持续学习强者财富智慧

写在正文开始之前

Q 你的内容是写给哪些人看的?

A 剽悍一只猫

那些“极度渴望变富、变强并愿意积极行动的人”。

经营个人品牌，是一辈子的事情。

其最终目的不是赚钱，也不是出名，

而是修己达人，即修好自己，过好自己的生活，

并让更多人因为我们的存在而变得更好。

卖是更好的学，

在卖的过程中，你会慢慢养成卖家思维，

你会更懂人性，更懂得如何去影响他人，

内心也会更强大。

学会跟已有的强大力量互利共赢，

成事会更容易。

学会拒绝，你才有更多的时间和精力，

做自己该做的事情。

在大多数时候，更好的拒绝方式不是谈原则，

而是示弱——当朋友知道你也不容易，

他会更容易接受你的拒绝。

为了成交，你要告诉目标受众，

买了你的东西有什么好处。

但你也要把自己的一些规则和真实情况讲清楚，

充分管理好预期。

避免掉入“成交容易，交付困难”的坑里。

做成一件事，不能只是做成了。

致谢很重要，

分享经验也很重要。

问：自己读书就可以，为什么还要跟随高人读书？

答：每个人的认知都是有局限的，大家都是在“盲人摸象”。同一本书，读的人不一样，读出来的东西也会不一样。听听高手的见解，你可以读得更好。

要想有所成，一定要学会“聚神”，
尽可能少去关注那些价值不大的事情。

绝大多数人的朋友圈，是不值得你去看的。
绝大多数新闻，是不值得你去关注的。
很多人，也不值得你花很多时间去“陪聊”。

环境对一个人的影响是巨大的，

我们需要去营造有利于自己成长的外部环境。

这个外部环境，

重点指的是“你的核心人脉网”。

如何加速成为某个领域的专家？

有四点特别重要：

一是跟该领域的高手学；

二是多读该领域的经典著作；

三是大量实战；

四是大量答疑解惑。

高效成长的关键法门：

大量面对真实的人、真实的场、真实的问题。

要努力，也要谨慎。

你是自己生存与发展的最终负责人，

别总是指望别人对你负责，

也别总是觉得出了什么事情，有多少人会帮你。

最好每天保证有一段不被打扰的时间。

让自己可以好好输入、输出，

哪怕每天只有半个小时，一年下来，

你的积累也会远超常人。

人都是喜新厌旧的。

你要学习苹果公司，不断推陈出新。

“

要想跟他人深度连接，

如果只是让对方感觉你很有价值，是很不够的。

你还要让对方真切地感受到，他是很被你需要的。

互相需要，且能互相满足，关系才能更长久。

“

什么都要自己学，什么都想自己干，

在很多方面都想要证明自己很强大，

这些其实是弱的表现。

真正的强者，

不仅会升级自己，还会用好他人的力量，

并与他人充分共赢。

”

要想售卖高端产品，

光在线上建立信任，是远远不够的。

举办优质的线下活动，

跟用户建立信任的速度会快很多。

人要重视自己的“本”。

最重要的“本”，是你的天赋优势、你的身体、你的家人，以及那些能跟你长期共赢的人。

珍惜好这些“本”，你才有可能活得漂亮。

问：你为什么要做“隐士”？

答：减少干扰，更自在地做正事。

“

打造个人品牌，最重要的是这三件事：

一是修自己。

自己要尽可能做得好、活得好，

这样的话，才能更有资格和能力去影响别人。

二是做内容。

创作并推广特别能吸引目标用户的内容，

是成本最低的获客方式。

三是带学员。

深度成就一批学员，

他们会跟你一起去影响更多人。

”

有些时候，

你觉得自己力不从心，特别想放弃。

先别急，好好吃一顿饭，好好睡上一觉，

你的想法可能就会变了。

体力，永远都是重中之重。

问：你为什么这么喜欢开发新产品？

答：通过做新产品，我能验证很多想法，

能加速升级认知，这是我的关键成长秘诀。

“

闭门造车不是什么好事。

去试错，去跟人交流，

你会变得更明智。

把自己当回事，

指的是认真对待自己的生命，认真对待自己的时间。

不要随随便便出场。

不要随随便便被人叫出去吃饭、喝茶、唱歌……

人生在世几十年，

真没那么多重要的人和重要的事，

抓住重点，足矣。

在一个地方做事，若是不想离开，

那就端正态度，踏踏实实好好干，

并让领导和其他团队成员更有安全感、成就感。

在其位，谋其政，这是做正事。

“

充分发挥好自己的优势，

尽可能排除干扰，

专注于自己的使命，

这是做正事。

带团队，

让有突出贡献者获得更好的待遇，

这是做正事。

做社群，

对想进群的人进行严格筛选，

并认认真真做交付，

这是做正事。

“

爱护自己的身体，

爱护自己的家人，

这是做正事。

“

做人，就是要分亲疏远近。

对近处的人更好，

他们会帮你吸引更多远处的人。

对近处的人更好，

远处的人才会更有动力靠近你。

对于很多人而言，

定位，不是一开始就定出来的，

而是在做事的过程中“生长”出来的。

如果你是某个领域的佼佼者，

你可以做同行的生意。

反正很多同行本来就会研究你，

不如向他们收学费，跟他们共赢。

如果你跟一个人相处，

总是会觉得不自在、不舒服，

你要做的，

不是去改变他，而是礼貌地远离。

问：习武的经历，对你有什么影响？

答：让我更自信，个人气质有了巨大的变化。

什么叫靠谱？

别人对你的预期是 7 分，实际上你给了 9 分的交付，别人会觉得你很靠谱。

别人对你的预期是 9 分，实际上你给了 7 分的交付，别人会觉得你不靠谱。

所谓自律，

就是能很好地把时间花在该做的事情上。

不要觉得别人境界高，

就不去夸奖，不去表示诚意。

别人境界高，是别人的事。

你有没有给别人很好的反馈，是你的事。

另外，真的没几个人能做到，

不需要别人夸，不需要别人表示诚意。

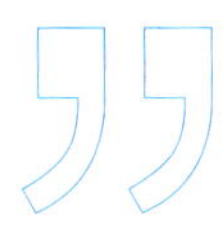

不要害怕自己的“前后不一”，

只要你进步了，推翻自己过去的一些观点，

是很正常的事情。

如果为了维护自己所谓的面子，

而刻意追求前后一致，真的会害人害己。

问：关于写书，第一原则是什么？

答：写我所做，写我所信。

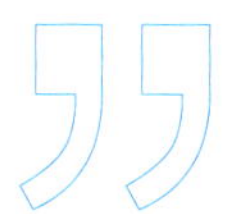

问：你的工作量这么大，

为什么还要花时间做饭？

答：对我而言，

做饭是休息，我很享受。

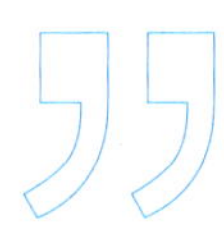

向上社交，

不要总是指望挣大佬的钱，

若是能得到大佬的指点和“背书”，你就赚大了。

然后去其他地方挣钱就可以了。

向上学，向下帮，

是个人高效发展的核心法则。

要想成为人际关系高手，

一定要好好践行下面这三句话：

不断升级自身价值；

给他人带去正能量；

尽可能不多管闲事。

问：现阶段，你的座右铭是什么？

答：百善笑为先。

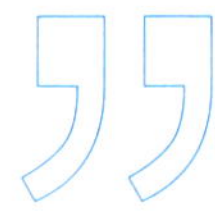

打造个人品牌，

准备对外分享的时候，一定要问自己一个问题：

我准备的这些内容，

会激发他人的善意，还是会激发他人的恶意？

讲话的时候，

真诚一些，朴素一些，少用太华丽的辞藻，

你会更容易赢得别人的信任。

总是说漂亮话，

反而不利于提升自己的个人品牌。

不管发生了什么，

你的过去，

只能是你的垫脚石，

而不应成为你的绊脚石。

好的关系一定是“两情相悦”的，

友情亦是如此。

若是你努力过后，

仍然觉得对方已经不能很好地跟你共同成长了，

跟他的交往不能让你心生喜悦了，

渐行渐远，也许是更好的选择。

见过真正的高峰，

知道什么才是真正强大的力量，

心生敬仰，甚至臣服，

不断打碎傲慢心。

这是很多“牛”人实现蜕变的必经之路。

不要活在别人的评价里，

你要的是进步。

只要到了一定的段位，

你会发现，

曾经的那些“差评”，会变成很好的励志素材。

要趁自己年富力强，

好好练功，好好积累，

莫等老时空悲切。

问：在你看来，营销的第一原则是什么？

答：产品要足够好。

做好时间管理，

最重要的有三件事：

一是立长志；

二是持长戒；

三是交良友。

经常和你打交道的人，是你最重要的“风水”。

身边若有一群能很好地促进你成长的朋友，

经常受他们影响，

你很难混日子。

在公开场合讲一些负能量的话，

是损害自己个人品牌的超级法门。

自己状态不好的时候，

尽量别去公开场合发言（讲话、发文等），

好好歇会儿，等正能量足了再说。

要做一个厚道且不好惹的人。

厚道，别人愿意跟你交往。

不好惹，可防小人。

请记住，

人类都是慕强的，人类都是结果主义者。

你的结果牛了，自然就会有人愿意信你。

我们一定要去做事，通过做事获得经验、修炼内心，

并让自己成为一个有强大结果的人。

关于学习的三条黄金建议：

第一，长期近距离跟随真正值得自己学习的人；

第二，以做到为知道，而不是以读到、听到为知道；

第三，在自己的领域，练出令人震撼的本事。

想有非常好的贵人运吗?

我分享一个秘诀给你:

到处帮自己的贵人(对自己帮助很大的人),

传播美名。

问：人到中年，

想好好读一些经典，给自己补补课，还来得及吗？

答：有一句话叫“百战归来再读书”，

有了一定的人生阅历，再去读一些经典书籍，

理解会更容易，也更懂得如何去用。

问：你为什么如此热衷于见高人？

答：人是活书，更值得我们去“读”。

另外，不去见高人，怎能常遇贵人呢？

多亲近大自然，

是很多“牛”人推崇的养生之道。

人生的意义是什么?

如果真的想不明白这个问题,
也许你可以先把它放下。

找到一件事,充分发挥自己的天赋优势,
让自己在这件事上做到可以"封神"的程度,
也许,意义就有了。

如果你一遇事心里就很慌，

且会被身边的人感知到，

那么，你大概率不是一个优秀的领导者。

古语有云：

胜不妄喜，败不惶馁，

胸有激雷而面如平湖者，可拜上将军。

特立独行没问题，

但你得有真本事，

让自己做到很难被替代。

同时，

尽量别伤害他人的物质利益和精神利益

（比如他人的自尊）。

人生有限，

若是不懂“少则得，多则惑”的道理，

我们很难逃离平庸。

看一个人是不是真大师，

不要光听他讲道理，还要看他的人生经历。

有很多高光时刻，也尝过了太多苦痛，

并且确实悟到了很深刻的道理，

这样的人，更值得你学习。

千万别“跪着服务”，

社群用户从来都不应该是“爷”，

“跪舔”非但不能赢得尊重，还极有可能带来挑剔。

哪怕很不愉快，也尽量别跟人撕破脸，

对人客气点，以后好相见。

有些人，可能当年遇到的时候，

你看他很不顺眼，但过了几年后，

他变了，你也变了，也许你们还能成为好朋友。

不要轻易主动给人提建议。

很多人并不会因为你主动提建议而觉得你很好，

相反，他们很可能会觉得自己被你冒犯了，

会觉得自己被你否定了。

“

有些人在创业的过程中，很担心他人的离开，

甚至把他人离开的原因全归到自己身上，

不断地进行自我攻击。

其实，人生路上，

人的来来去去是很正常的，

你生命中出现的每个人都只是过客，

只不过有些人待的时间长，

有些人待的时间短。

有人可能会觉得，

做成一件“牛”事，对自己来说挺难的。

其实，

只要你不贪不懒，这件事没你想象的那么难。

有的人，

习惯于当老师，

在很多地方都展现出老师的姿态。

常年做向下帮的事情，

不愿意放下老师的架子去向人求教。

于是，很难得到高人的帮助，

自己的高度也提升不上去。

有的人，

习惯于当学生，总是向别人请教，

学到了很多东西，但却很少对外输出，

很少帮助别人。

于是，很难扩大自己的影响力。

“渡劫”的时候，

不要太高估自己的承受能力，

一定要有信得过的人陪着。

打造知识型 IP，

重点是教得好和卖得好。

打造智慧型 IP，

重点是活得好、做得好、教得好、卖得好。

活得好，指的是一个人的生命状态很好；

做得好，指的是一个人在具体事务上做得很好；

教得好，指的是一个人擅长传授知识、改变他人；

卖得好，指的是一个人很擅长营销，能吸引很多对的人来给自己付费。

有一些“做减法”做得很好的人，

会把事项变得很少；

但工作量却比一般人大得多

——这样做，更容易“一骑绝尘”。

问：当下，你如何评价自己？

答：一身臭毛病，自命不凡，

乐为人师，成长上瘾，有点意思。

- 080 -

如何读《论语》？

分享一个小建议：

可以把《论语》中自己特别有感觉的句子摘出来，
打印好，贴在墙上，
让自己经常能看到，经常被它们影响。

时间一久，你对这些句子就可以做到
烂熟于心了。

问：想在他人的社群里好好挖宝，

第一原则是什么？

答：与群主充分共赢。

自省的习惯很好，

但不可化为自我攻击。

发现做得不好的地方，

不应久久陷入愧疚之中，

而应迅速转念，闻过则喜，积极改善。

闻过则喜——简简单单的四个字，

做到很难，但很值得修炼。

如果你过得不开心，可以试着写感恩笔记，

记录那些值得感谢的人、事、物。

写着写着，你会发现，其实自己很幸运。

这世上最大的善，

莫过于你自己活出了美好的可能性，

并有很多人因你的存在而受益。

我们说“近者悦，远者来”，

离你最近的是谁？是你自己啊！

问：现阶段，你最喜欢的运动是什么？

答：打开自己喜欢的音乐，对着镜子自由舞动。

向上学习，

务必要让对方有成就感，

激发对方的表达欲，

而不是一味地表现自己的聪明才智。

还应避免与对方争辩，

要牢记自己的首要目的是求学和连接。

如果别人没有提起，

你不要去主动聊一些隐私话题；

如果对方问到了你不想回答的问题，

也不要勉强回答。

你可以用温和的语气跟对方说：

实在不好意思，这个问题我不方便回答。

学会接受。

在绝大多数情况下，

人家给你发红包、送礼物，是很善良的行为。

有人可能鼓足了勇气，才来向你“示好”。

如果被拒绝，绝大多数人应该会难受。

有来有往，人和人之间才会走得更近。

“

人这一辈子，

最重要的产品，是你自己。

”

善于跟人共赢，

而不是“要么你亏我赚，要么你赚我亏”。

注意，

共赢不只是物质层面的，

更是精神层面的。

讲话得体，

善于安慰和激励他人，

能给他人带去信心、勇气和希望。

这样的话，别人跟你在一起，

会觉得很滋养，

会特别愿意跟你打交道。

问：如果有不同的看法，该不该跟老师辩论？

答：如果你认可这个老师，那就不能忘了“敬”字，私下找个合适的场合请教吧。

大度的人很少，

所以，与其指望别人大度，不如自己谨慎小心。

现在线上越来越发达，

人们获取、传播信息空前便捷。

但我们不能过于依赖线上，一定要修炼线下的能力，

让自己能更快地赢得他人的信任，

更好地帮助他人实现美好的改变。

“

这句话颇有道理：

你经常输入什么，你就会成为什么。

如果你总是输入悲情，你更容易活成悲剧。

”

做个人品牌，

一定要重视金句。

要有自己的独门金句，

并反复传播。

当年创作《一年顶十年》，

初稿写完后，我找了一些专业人士，

也找了很多非专业人士，

让大家来给我提建议，结果真的发现了很多硬伤。

改了近 30 遍，才最终定稿。

对于新手作者而言，在改稿这件事上，

千万别相信一两个人的努力，一定要多找一些人，

踏踏实实，一遍一遍地改。

如何打开局面，

让更多人愿意相信自己、跟随自己？

个人认为，先富带后富，是最有用的策略。

在团队里，也是如此。

如果已经有人通过跟着你干而“混得很不错”了，

其他人看到了，大概率也会变得更有干劲。

在人世间，

社交的第一法则，绝对是交换法则。

有来有往，有给有要，人际交往才能真的通畅；

能好好给，也能好好要的人，才算真的通达。

问：你为什么经常打广告？

不担心别人反感吗？

答：我是个生意人，打广告卖产品，

是我的分内之事。

还有啊，我的产品这么好，应该被更多人知道。

经营个人品牌，我有一个狠招：

用人吸引人。

你很厉害，同时，你身边有很多很厉害的人，

别人会更倾向于认为你是一个“很有能量的人”，

你的吸引力会变得更强。

问：为什么你的转介绍率这么高？

答：最重要的是，

我们长期保持厚道，交付品质非常高。

不要动不动就对自己遇到的人严格要求。

严，是需要契约的。

不然很容易让人感受很不好，很容易把关系破坏了。

宽是害，严是爱，

但是，严之前，请先达成契约。

这样的话，

沟通才能真的顺畅，才能真的实现共赢。

做大型活动，号召大家来帮忙，

对于那些做了一定贡献的人，一定要对外充分致谢。

当然，对于一部分人的致谢，

不能只是公开用言语表达，还应提供具体的福利。

虽然大部分人并不是为了福利而来帮我们，

但是我们的诚意一定要足，

该表示的一定要表示。

如何带队伍？

我的秘诀很简单，

一是严选，二是善待。

严选：不要轻易让别人进入自己的核心队伍，

先筛选再培养，人对了，培养才真的会很有效果。

善待：在这里，有很多好的学习机会；

在这里，你有机会被很多人看见，赢得很多人的尊重；

在这里，你还可以获得不错的收入。

对于绝大多数人而言，

千万不要以为自己的表达能力已经很强了，

一定要花较长的一段时间猛练。

怎么练？

做销售型演讲 / 直播，

是效果极好的训练方式。

问：创始人是否可以设计好利益分配机制，

然后自己优哉游哉过潇洒日子？

答：反正我觉得我是做不到的，

要想持续发展，创始人大概率得是个“劳模”。

做一个学习产品，

一定要注意，收尾阶段是重中之重。

做深度复盘会，

实际上也是在打造收尾体验。

通过复盘，让这个产品完美告一段落，

让大家有更多收获。

我们社群，

有非常浓厚的志愿者文化。

你来做志愿者，

实际上是跟我们深度共创，是在事上练己，

这比单纯听干货的学习效果要好得多。

好好修己，好好创作，好好爱人，

与这个世界充分共赢，才是生命成长的真谛。

一旦远离现实，

很容易走火入魔。

美国作者盖瑞 • 查普曼在《爱的五种语言》这本书里，

分享了爱的五种语言：

肯定的言辞、精心的时刻、接受礼物、服务的行动、

身体的接触。

在我看来，这其实也是社群运营的五大秘诀。

有些创业者，

觉得大家只要加入了团队，

给很多福利都是应该的，没必要设置门槛。

其实，这是很糟糕的想法。

要知道，有门槛的东西，才更容易被人重视。

问：现在这个时代，还有必要印名片吗？

答：有，不要指望别人会花很多时间提前了解你，一张设计到位的名片可以帮你快速呈现关键信息。

亲密无间并不是什么好事。

保持一定的距离，保持新鲜感，

友谊才更有可能长存。

人生本无常，

若是对不确定性非常害怕，总是对未来各种担忧，

人很难活得幸福。

人生会达到什么样的高度，我们无法得知，

但进一寸有一寸的欢喜，

保持进步，往前走，就对了。

真传一张纸，假传万卷书。

要想学得好，得找到真正靠谱的老师，

让他愿意把那“一张纸”的内容教给我们。

把复杂留给自己，

把简单留给别人。

是我最重要的经商原则之一。

出去跟人学习，要给对方信心，

让对方觉得你是可以被教会的。

有的人在学习的过程中老喜欢说丧气话，

其实会让老师觉得你“朽木不可雕”。

“

打造出令人震撼的成长故事。

”

“

做一个有诚意的人，

诚意 = 成本。

”

打磨一份

特别能吸引目标用户的内容（比如精华集），

并大力传播。

丰富生命体验、保持阅读习惯、
高频复盘、大量答疑解惑，
是灵感源源不断的超级秘诀。

只要你的产品能很好地帮助别人，

你就应卖得坦坦荡荡。

在群里领红包不表示感谢，

其实是减分的行为。

人们在群里发言，

会期待回应，发红包更是如此，

这是人之常情，切不可不在意。

“

专注且喜悦的人，很有魅力。

”

做减法，

尽可能做自己擅长

且能创造巨大价值的事情。

“

生命力足够强，是成事的关键。

”

真正的福报，

不是你做了什么事，未来会得到什么好处，

而是你当下就能做很有意义的事情。

好好传承能带来幸福。

作品传下去，后代很争气，学生很卓越，都是好好传承。

为改变付费，而不是为知识付费。

深度成就少数人，广泛影响更多人。

贡献 = 收获。

想要收获大，就要好好做贡献。

“

诚意 = 成本。

”

用好自己的天赋优势，

与这个世界充分共赢。

“

但凡是很占时间的事情，

不要轻易答应别人。

对于那些喜欢占你时间却从不想办法

给你足够好处的人，

最好远离。

”

把人间当作一所学校。

我们是来学习的，终极目的是觉悟和通透。

“

与其追求 100 万人的关注，

不如赢得 100 位高段位人士的“偏爱”。

”

朋友来见你，

你给他准备一束花，虽然成本不高，

但对方大概率会很高兴。

如果某些话，

被传播出去后，会给自己带来大麻烦，

那么，你最好不要跟任何人讲。

一言折尽平生福，这句话，对我帮助极大。

“

给别人提建议前，

最好问自己一个问题：征得对方同意了吗？

能不能赚大钱，不是我们自己说了算的。

对于绝大多数人来说，

踏踏实实赚小钱，是更好的生存策略，

比如，卖一个几十块钱的产品，

每天卖，时间久了，也能有不错的积累。

问：你重点研究哪些课题？

答：营销、社群、出版、金钱、表达、贵人、幸福。

如果一个人能不断激发你向上向善，
恭喜你，
你找到良师了！

人都是结果主义者，

你要用很“牛”的结果去吸引他人。

人都是利己主义者，

你要让别人意识到你能给他们提供很大的好处。

做社群，

你想给福利，最好让大家“抢”，而不是直接给。

“抢”来的，才更“香”。

进入一个社群，

如果想要有更大的收获，

积极参与运营是非常不错的办法。

经营一个社群，

你要让大家积极干活，

干活的人越多，社群的凝聚力越强。

“

访友，

别空着手上门，哪怕已经很熟了。

出差，

别空着手回家，哪怕经常出差。

”

“

问：关于写作，你最想分享的建议是什么？

答：把写作当作改变命运的要事，无比重视它；日常聊天时，也要做到字斟句酌。

”

情绪不稳定的人，

一定不能进核心团队。

需要经常鼓励才会好好做事的人，

最好也别用。

在未经允许的情况下，

当众提意见，是拆台。

如果发现了对方特别需要改进的地方，

在释放善意后，私下提出建议，则是得体的表现。

问：什么样的观念，令你收获极大？

答：举个例子，关系第一，

把事做好的同时，要把关系拉近。

问：你为什么要带人出去玩？

答：如果见面只谈正事，说明关系还不够好。

经营个人品牌，

如何面对网络上的那些“黑评”？

绝大多数“黑评”是无须回应的。

当然，对于那些非常恶劣的人，

你可以拿起法律武器捍卫自己的权利。

在一个群体里，

喜欢滔滔不绝提建议、讲道理的人，

容易被人讨厌。

而那些会在关键时刻站出来，

豪爽地给大家提供实际价值的人，

则容易很有人气。

问：关于读书，有什么建议吗？

答：拿起前，问自己：

我为什么要读这本书？

读完后，问自己：

我可以怎么用？

不要害怕说出这样的话：

关于这个问题，

我目前确实没有合适的答案，咱们可以换个问题。

问：买奢侈品就能变得更自信吗？

答：赚更多钱、让身体更强壮、成为专业领域的佼佼者、帮助更多人，

你会获得真正的自信。

先卖自己，再卖产品。

光靠内观内省，你是很难找到自己的；

光靠闭关修行，你是很难修成正果的。

跟这个世界不断碰撞，

你才真的有可能遇见更好的自己。

做事情，如果有了不错的结果，

千万不要说这只是你通过自己的努力得来的。

这是简单归因——毕竟，因素有很多。

要做事，做事可安心；

要帮人，帮人能渡己。

“

一旦大家知道你的身体垮了，

你在他们那里的“信用评级”会迅速大幅降低。

不管你现在多么风光，

保健康，都应是最重要的生存原则。

”

如果你手上的钱并不多，

就别老想着去参与“钱生钱”的游戏了。

“

踏踏实实练能力，踏踏实实跟贵人，

才是更靠得住的生存策略。

”

对父母，

既要让他们省心，也要偶尔麻烦他们。

怎么麻烦？

比如，让他们给你寄点好吃的，

向他们请教某道“小时候经常吃的菜”该怎么炒。

人生有限，

要找你能请到的“最好的老师”带你。

这是我这几年坚决贯彻执行的一个学习原则。

能喊得动的，且能真正帮上忙的人，
才是你更应该重点团结的人。

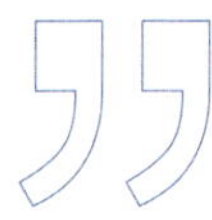

多出去跟人交流，

看看别人是怎么做的，学习先进方法，

你的进步会快很多。

不然，

你很可能连自己有“多落后”都不知道。

记住，你在人世间最重要的任务不是拥有，

而是体验、创造和领悟。

若你真是这么认为的，

恭喜你，你比一般人清醒多了。

“

你要想想，

有没有什么技能，你很感兴趣，

且能让你在老了之后，仍然能很好地赚钱？

如果有，赶紧去学。

做社群，尽可能不要搞终身制。

人生在世，不确定因素太多，

随着你的不断进步，你的想法是会变的，

“终身制”的做法大概率会让你背上沉重的负担。

什么成就了你，你就用它来成就更多人，

而你所成就的，终将成就你自己。

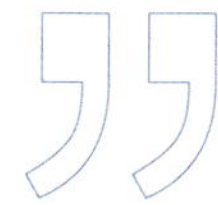

如果你觉得一个人特别不好带，

最好的办法不是“学习如何带不好带的人”，

而是跟对方好聚好散。

然后，

好好花时间去带那些你愿意带且能带得动的人。

人品差的聪明人未必会伤害你，

因为他们很可能会有所顾忌。

但愚人就不一样了，

他们很可能会“很勤奋”地干错事，

把你坑得很惨。

珍惜生命，远离愚人。

那些做事给力，且有意见会私下及时表达的人，

是很宝贵的，要珍惜。

那些有意见不说，习惯于“阴着”的人，

虽然有可能表面看起来很不错，

但却很危险。

“

说到成事，第一要素是什么？

运气。

承认运气的重要性，

是一个人开始变得成熟的重要标志。

”

想让你的世界变得更好，

那就关注那些可以让你变得更好的东西。

高人要送你一份礼物，

你却说“无功不受禄”。

可能对方就是想通过这种方式跟你拉近关系，

但你这一句话就拒人于千里之外。

敢收，是自信的表现。

以后再用别的方式回馈他人，

有来有往，关系更近。

很多时候，

给人干货不如给人希望，

给人讲道理不如带人一起玩。

谈事情很用心，但接待不周到，

其实是不合适的。

不要把任何人看成“可以被随便对待的人”，

每个人都希望自己被重视。

如果你感到比较累了，

最好不要给人提供咨询，也不要跟人谈合作。

在状态好的情况下做这些事，

是尊重彼此生命的表现。

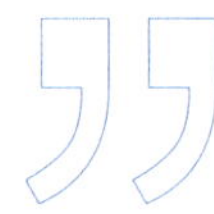

要重点向那些

“踩过足够多的坑，且仍然很成功”的人学习。

这些人对所做的事情会有更深刻的认知，

同时，还能给你带来力量。

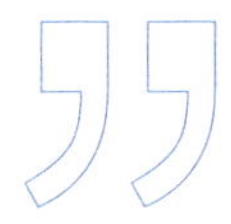

如果你很善良，

很好，

但一定要修炼自己的“强势”。

不然的话，

你很可能会变成“软柿子”，

别人会忍不住“捏”你，你会麻烦不断。

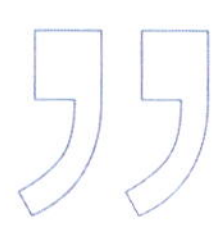

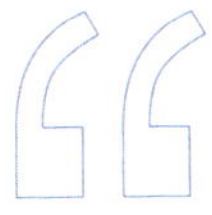

收费是最好用的筛选机制，

如果一个人愿意且能够支付足够的费用，

他更有可能是对的人。

不要相信那些嘴上说得很好听，

却不愿意支付诚意的人。

吃亏是福，

但如果跟一个人打交道你总是吃亏，

那这就不是福了。

这是蠢。

不能共赢的关系，应该尽可能“先放一边”。

如果你不想答应别人的请求，
但一时又不知道该如何回复，
你可以先不回复，缓一缓再说。

但最好不要以“一直不回复”的方式拒绝对方，
因为别人很可能会多想，
你们之间的关系也很可能会产生“大裂缝”。

如果一个跟你并不是很熟的人找你借钱，

你最好不要相信对方“很快就还给你”的承诺。

他对一个不熟的人开口借钱，

说明他很可能已经“山穷水尽”。

在别人的场中，

需要你发言的时候，你再发言，

并且要想办法“托举”对方。

做一个擅长给他人加分的人，

别人当然会更愿意“带你玩”。

我们最应该做什么样的工作？

能充分发挥自己的天赋优势 + 有利于自己进步 + 能帮助他人 + 能赚到可观报酬的工作。

如果不是极为必要，不要去跟人争辩。

想在争辩中获胜，是非常困难的事情。

有时表面上看起来赢了，

实际上却失了人心、浪费了时间。

不要什么都想得到，不要什么都想抓住，

也不要为了那些没得到的东西纠结。

有舍才有得，有缺才是人生，

人生小满胜万全。

要优先对那些“你得负责”的人好，

比如，你的至亲之人、你的学员、你的恩师、你的老板。

有的人，该负的责没有负，

却花大量时间对那些“不需要你负责”的人好，

实在是舍本逐末。

人生在世，

总有限制，不可能只做热爱的事情。

做热爱的事情，你很享受；

做不得不做但没那么热爱的事情，你在修炼。

要允许别人平庸，

不是所有人都要成就一番大事业。

每个人都不一样，

“活得好”的标准也不一样，

你眼中的平庸，对别人来说，

也许很好。

除非别人主动求学并“支付”相应的诚意，

否则，不要太好为人师，你要“尊重他人的命运”。

不是你劝了别人，别人就不会“掉坑”；

“掉坑”也未必是坏事，塞翁失马，焉知非福？

如何赢得老师的偏爱？

看见老师的付出，给老师足够的反馈，

这个原则特别重要。

什么意思呢？

举例：平时看到、听到老师在社群里的分享，

觉得很有收获，要迅速表达感谢，

并时不时地送礼物。

重视产出，而不是工作量。

在状态好的时候沉浸式干活，

状态不好的时候赶紧想办法休息。

朋友告诉你他的秘密，

你没必要拿自己的秘密去交换，

你最应该做的是保密。

任何秘密，

只要你告诉了别人，它就不再是秘密。

养生、赚钱、安心是大家的刚需。

你若能同时帮大家搞定这三件事，

你这里会极有吸引力。

不要轻易被“绑架”，

尤其是不要被别人的评价“绑架”。

虽然不易做到，但我们需要不断提醒自己。

你给大咖做了重要的事，

如果不好要钱，

你可以要一张聘书，给自己攒证明。

别人给你做了重要的事，

你也可以发聘书，给对方提供证明。

急于改变别人，是一种“精神病”。

好好升级自己，

同时，对别人更宽容一点，

你大概率会活得更幸福。

“

有用、克制且有趣的人，
会很“圈粉”。

盲目强调服务，

你会“培养”出很多挑剔的“客人”。

强调共创，

你会“培养”出很多和你并肩作战、共同成长的伙伴。

不要高估任何人的境界，

人人都希望被重视，都希望得到偏爱。

带团队，你需要树立威望。

同时，你也要让团队成员敢于

且愿意给你提供参考建议。

你不可能事事都想得很清楚，你需要大家的帮助。

不要盲目羡慕别人的生活，

即使是“贩卖美好”的博主，也有自己的各种“苦”。

也不要过多关注这个世界的“苦”，

其实很多东西本来跟你无关，

你若关注了，那就跟你有关，

因为会对你造成影响。

“

试图去改变自己的亲人，

其实会让自己徒增很多烦恼。

要尊重他们的活法，

在他们需要的时候提供有力的帮助，足矣！

”

要什么，就对别人讲，

讲多了，总会有人回应你。

个人的认知和资源是有限的，

该靠别人的时候，坚决不要只靠自己。

你很难搞定的事情，

也许在别人眼里只是小菜一碟。

要成为一个做好事但不好惹的“核弹”，

不做老好人式的“软蛋”。

前者容易赢得尊敬，后者容易“收获”寒心。

任何时候，

喧宾夺主都是不对的。

人都是有“领地意识”的，

喧宾夺主的人，容易令人生厌。

问：真正的学霸有什么特点？

答：很会做、很会教、很会赚、很会爱护自己、坚持长期主义。

很多事情是可以商量的。

用“求助”的方式商量，你更容易得到满足。

找理发师理发，

最好在他精力还很充沛的时候。

给人付款，

最好在他很需要做业绩的时候。

时机对了，效果更好。

有的人，

平时对你很冷淡，但你给他付了费，

他立马就对你很热情，回复消息比之前积极多了。

不要去批判他，这是很正常的事情。

每个人的时间和精力都很宝贵，

别人凭什么要对一个没有诚意的人好呢？

问：如何克制自己总是想学新东西的冲动？

答：把“我学到了”改为“我做到了”。

问：我想免费做咨询，

但又担心别人不珍惜，怎么办？

答：可以收押金，并要求对方填一份申请表，

等咨询结束后，押金全额退还。

用这种方式，

既做了筛选，又不会让自己变“廉价”。

跟人面对面交流，

如果不好意思直视对方的眼睛，

你可以看对方的鼻子。

相信我，这一招很管用。

去开收费的读书班，

带着大家“读以致用”，

你的阅读和表达功力都会得到升级。

别人质疑你，你别急着自证，

不然很容易就“落入圈套”，

把自己搞得很被动。

你可以让对方多说，

对方说得越多，你越能搞清楚状况。

在人际交往中，

不要总当那个“赢家”。

人人都想要“赢”的感觉，

你是这样，别人也不例外。

学了本事，就要想办法去变现，

在变现的过程中获得强反馈，

让自己更有本事。

不敢去卖，不敢直面市场，

是很难学得好的。

跟随老师学习，

应想办法让老师了解你，并主动求建议，

不要指望老师会主动来研究你、帮助你。

做慈善，

不要太张扬，也不要打肿脸充胖子。

照顾好自己，照顾好家人，

好好帮客户，也是在做善事。

你若想成为一名很会赚的学习者，

不要只听别人讲干货，

要重点看别人是怎么做成交的。

想要拉近关系，有一招很管用：
主动创造令彼此都记忆深刻的
美好经历。

与他人发生矛盾了，

别去猜，别急于“攻击”，

先积极沟通，

再决定要做什么。

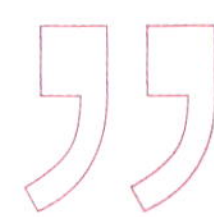

多读营销类的书籍，并学会应用。

不管你是谁，不管你是做什么的，

营销类的书籍都应是必读的。

不要以为你做成了事情，

单纯是靠自己的才华和努力，

一定要有敬畏之心。

你能过上现在的生活，

一定有很多说得清楚或说不清楚的因素在起作用。

“

不要狂，不要太自以为是。

不要看不起别人。

不要辜负了上天给自己的机会。

分享一个教学秘籍：

让学生先做一遍，你再来示范。

他们感受到巨大的差距之后，

将会更加谦逊，更愿意好好跟你学。

对于强者来说，

“爱自己”应该是无条件的，

任何时候都是。

终极金句

剽悍一只猫说：

“好好做自己，是世间最好的生意。”

写在最后

THE END

1. 建议多读几遍。

2. 以做到为知道。

3. 欢迎把本书推荐给你真正在乎的人。

4. 强烈推荐剽悍一只猫在 2020 年出版的《一年顶十年》，这是一本超级好用的个人财富与影响力升级指南。

5.《明智创富指南 2》即将出版，敬请期待。

6. 如果你想升级自己的圈子，跟一群“牛”人共同成长，欢迎加入剽悍一只猫的社群。

致谢

THANKS

Sophie

中国铁道出版社

Xxn

华中科技出版社

小滕编辑

北京大学出版社

王福振

中国致公出版社

白羽

人民邮电出版社

写书哥

源智天下

刘畅

中国科学技术出版社

刘 sir

书香学舍

江小渔

天雪文化

杨肇南

中国法制出版社

陈迪

华夏出版社

丽丽

中国商业出版社

郑北星

九州出版社

周亚菲

读书控文化

林浠

人民美术出版社

徐宪江

重庆出版社 - 华章同人

黄荣华

台湾崧烨文化

黄齐辉

中图数科

滕滕

电子工业出版社

樊艳清

北京时代华文书局

特聘营销顾问

CHIEF MARKETING OFFICER

邻三月

橙为创始人，社群商业实战专家

孟慧歌

高价 IP 营销顾问，帮助超过 10000 名付费用户，用私域营销多倍创收

王子冯

私域流量商业顾问，万人微商团队队长

彭芳

品牌营销顾问，指导客户累计增收超 20 亿

李超满

资深演讲教练，辅导过 3000 多位学员

姜西贝

教育规划导师，帮助 1000 多个学生升入百强名校

心然

流量增长及转化专家

星玥

个人品牌商业顾问，某学员过万平台特聘高级讲师

杨子清

中使集团联合创始人

金雨麒

畅销书裂变发售操盘手

言蹊

教学主管，做过奥运冠军的英语老师